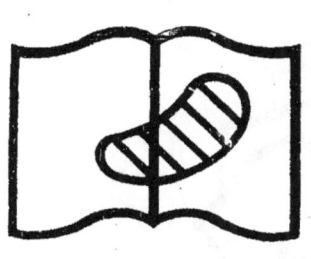 

Illisibilité partielle

Contraste insuffisant
NF Z 43-120-14

Valable pour tout ou partie
du document reproduit

Couverture inférieure manquante

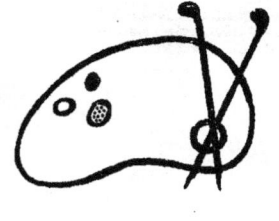

Original en couleur
NF Z 43-120-8

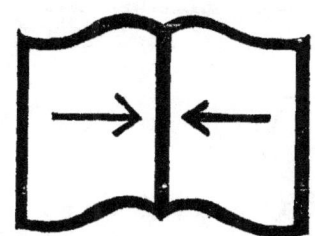

RELIURE SERREE
Absence de marges
intérieures

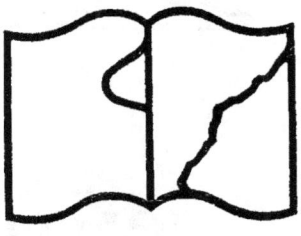

Texte détérioré
Marge(s) coupée(s)

LE
COMTÉ D'AUXERRE
AU XVIᵉ SIÈCLE

PAR

M. Max. QUANTIN

Extrait du *Bulletin de la Société des Sciences de l'Yonne*,
1ᵉʳ SEMESTRE 1890.

AUXERRE

LE COMTÉ D'AUXERRE AU XVIᵉ SIÈCLE

par M. Max. Quantin.

(*Séance du 4 mai 1890.*)

Nous avons déjà exposé dans le Bulletin de 1881, l'état du comté d'Auxerre pendant le xvᵉ siècle et depuis sa réunion définitive à la couronne, après la mort du dernier duc de Bourgogne en 1476. Nous continuerons de rassembler encore d'autres documents concernant ce pays pendant le cours du xviᵉ siècle et les premières années du suivant, en les empruntant toujours aux Archives de la province, à Dijon, si riches en matériaux concernant l'Auxerrois et aussi à celles de notre ville.

C'est surtout dans les comptes et les états de situation des receveurs du domaine royal que nous avons recueilli bien des faits inédits. Ces agents, en exposant, dans leurs volumineux recueils, les faits justificatifs de leur gestion en recettes et en dépenses, ne se bornaient pas à une sèche déclaration et à l'inscription des chiffres de leurs opérations. Ils les complétaient souvent par des explications motivées qui deviennent pour nous de précieux renseignements historiques. C'est ainsi que l'on apprend l'état du domaine royal et les causes de son amoindrissement pendant le xviᵉ siècle. On voit ensuite la liste des fonctionnaires royaux, les fondations pieuses des siècles passés dont il ne reste plus que quelques vestiges; on connaît le chiffre des revenus et des dépenses. On trouve aussi des détails sur les exécutions de criminels de droit commun, sur les faux-monnayeurs, les usuriers et sur la poursuite des hérétiques, dont plusieurs sont frappés de mort. Enfin, l'état du château royal, la garde de St-Gervais et de nombreux *faits divers* fournissent encore de curieux documents.

PERSONNEL DES OFFICIERS ET AGENTS ROYAUX.

Voici la liste des officiers et agents royaux de toutes classes :
Gouverneur et bailli (1); Lieutenant-général; Avocat du roi; Procureur du roi au bailliage (2); Prévôt; Procureur du roi à la prévôté; Sergents royaux; Gruyer du comté et son lieutenant; Contrôleur du domaine; Gardes des sceaux du bailliage et de la prévôté; Sergent et greffier à la gruerie; Receveur du comté (3); Prévôt des maréchaux; Trompette de la ville.

DOMAINE ROYAL.

Le domaine royal et les redevances privées dues au roi dans le comté se maintiennent à peu près les mêmes qu'au xv° siècle jusqu'au milieu du xvi°. Mais, à cette époque, les nécessités de l'État amènent des aliénations qui diminuent sensiblement ce domaine. Les *États au vrai* dressés par les receveurs renseignent curieusement sur ces différences.

Nous donnerons, à ce sujet, à la suite de la présente notice, comme terme de comparaison, le compte de 1521-1522 qui est rempli des détails les plus minutieux sur les redevances et sur les droits perçus.

Consignons ici qu'en 1518 on fit faire « un gros coffre à mettre les registres des fiefs et dénombrements dépendant de la comté d'Auxerre, avec autres papiers et registres mis en la chambre du Conseil ». Ce coffre fut fermé avec quatre serrures et coûta 12 livres 6 s. En 1581, on fit faire une armoire pour conserver les registres de la prévôté.

Le total du revenu du domaine montait à 1,100 livres environ, dans les premières années du siècle. Il s'élève à 2,045 livres en 1534, à 3,360 livres en 1576, et à 4,431 livres en 1581. Les années

---

(1) En 1586, les officiers du bailliage sont au nombre de 18. Ils reçoivent chacun une torche de cire blanche pour assister à la Fête-Dieu.

(2) En 1504-1505, un chevaucheur de l'écurie du roi apporte au bailli et aux autres officiers royaux des lettres « afin de demander les noms et surnoms de trois personnages gens de bien, expérimentez et de bonne conscience, capables d'avoir l'office de procureur du roi à Auxerre, vacant par mort. »

(3) Claude Fauleau qui avait succédé à son père en qualité de receveur, en 1545, et fonctionna jusqu'en 1558, avait eu une gestion irrégulière qui amena sa condamnation par les maîtres des comptes de Dijon à rembourser la somme de 632 liv. 18 s. 4 d. Il avait été amené en prison dans cette ville par un sergent, et les juges, poussant la rigueur jusqu'au bout, rejettèrent les frais de cette conduite et les laissèrent au compte de Fauleau. (B. 1633, 1636, an 1560-1561.)

où la vente des coupes de bois a eu lieu voient monter ce chiffre à 14 et 15,000 livres.

Redevances à Auxerre. — Nous avons vu plus haut que les redevances dans la ville d'Auxerre étaient très peu différentes de celles du xv° siècle et varient seulement dans les chiffres des recettes. Le minage, droit sur les grains, qui produisait, en 1546, 2,410 bichets par an, et qui fut aliéné en 1548 moyennant 6,933 livres, avec réserve de rachat, était un produit des plus importants (1).

En 1551, on voit que la seigneurie de Vermenton a été aliénée à noble Germain Ferroul, et que le roi avait, en 1539, donné à François de Courtenay, seigneur de Bléneau, pour sa vie durant, les terres de Mailly-Château et de Mailly-la-Ville, et celle de Coulanges-sur-Yonne, moyennant 154 livres 10 sols de rente.

Garde de St-Gervais. — Le territoire qui longe à droite le chemin de fer d'Auxerre à Monéteau, depuis la gare jusqu'au Tureau du Bar et s'élève jusqu'aux hauteurs, et en y comprenant même une partie du finage en amont à plus d'un kilomètre, sur le côté gauche de la route de Lyon, était connu autrefois sous le nom de la Garde de St-Gervais, du nom de l'église paroissiale (2). Il dépendait, dans l'origine, du domaine royal et avait été baillé à cens à divers habitants d'Auxerre et des hameaux de Jonches, La Borde et autres, qui s'élèvent sur les collines et animent le paysage. Le receveur du domaine inscrit encore, en 1623, le produit de la Mairie de St-Gervais, en recettes, pour 44 livres. Le territoire était très morcelé; Colbert avait pris à bail le produit des droits de cens dus au roi, à Auxerre et notamment en la Garde de St-Gervais (3).

FONDATIONS DANS LES ÉGLISES

Les anciennes fondations pieuses faites par les comtes d'Auxerre ont subi dans le cours des siècles des réductions; quelques-unes même ont disparu des comptes. Voir le paragraphe dans le *Comté d'Auxerre au* xvi° *siècle.*

LE CHATEAU D'AUXERRE

Dans le château où sont établis aujourd'hui la Bibliothèque et les Musées, tous les services judiciaires étaient réunis. En 1518, il y avait deux cours séparées par un mur. En 1520, on fit construire

---

(1) Voir une intéressante notice sur ce sujet par M. Demay, dans le Bulletin de la Société, de 1886.
(2) Voir la notice sur le comté d'Auxerre au xv° siècle, Bulletin de 1881.
(3) Terrier du domaine à Auxerre. (Archives de l'Yonne, A 5.)

en charpenterie le siège et auditoire du bailliage dont la dépense s'éleva à 90 livres. Jacques de la Faucille, menuisier, y fait « les molures qu'il a convenu y faire. » Jean Michel, dit Macé, fabrique huit panneaux de verrières à piliers pour l'auditoire du bailliage, contenant 40 pieds à 3 s. 4 d. le pied, et deux écussons armoyés. »

Les prisons appelées La Jacquette étaient sous la chambre du Conseil, et au-dessous « ou fon du cros d'icelles » était un cachot (an 1516).

Le souvenir de la cage où Louis XI avait fait enfermer le cardinal de La Ballue, fait, en 1519, construire ici par deux charpentiers « une cage et prison de bois de 8 à 9 pieds de long, 7 pieds de large et 6 à 7 pieds de haut jointif; le bois ouvré, feuillé, contrefeuillé, à clefz perdues »; le tout moyennant 15 liv.

Les comptes relatent encore d'autres détails : Voici que Pierre Collas, charpentier, exécute des travaux à la grande salle et au corps de maison nouvellement construite au château, moyennant 25 liv. (1521).

En 1571, on répare les tentures, aux armes royales, de drap bleu semées de fleurs de lys d'or, qui tapissaient les murs de l'auditoire.

En 1578, on répare la chapelle des prisons. En 1581, on répare les bancs de l'auditoire qui étaient tout rompus « tellement que les officiers, avocats et procureurs n'y pouvoient seoir. »

Michel Mocquot, maître menuisier, fait deux croisées et fenestres, huis, bureau et deux bans à l'entour « où sient les officiers de la prévosté. » — Divers travaux en la tour Gaillarde, en la chambre du président des Élus de l'élection, et en la galerie du parquet où se tiennent les plaids extraordinaires.

La tour Gaillarde, ce glorieux souvenir municipal, qui s'élève encore au milieu des maisons de la cité et a échappé à bien des vicissitudes, était reliée au château par une galerie. — Proche de la tour était une petite chambre où logeaient les sergens. (An 1615).

La chapelle des prisons était une dépendance du siège royal. Les Frères-Mineurs la desservaient et y célébraient la messe après les grandes audiences du présidial qui siégeait les mardi, mercredi, jeudi et vendredi de chaque semaine. Les lundi et samedi, une autre messe était dite à l'issue des plaids de la prévôté. (An 1587).

La reconstruction de l'auditoire et siège royal du bailliage et présidial, dont le corps principal existe encore, a été adjugée le 4 août 1620, par le trésorier général des États de Bourgogne, au sieur François Lasne, marchand à Auxerre, moyennant 6,600 livres. La dépense fut payée avec le produit d'un impôt établi sur les paroisses composant le bailliage.

ÉVÉNEMENTS GÉNÉRAUX.

Les receveurs ne se bornent pas à énumérer les recettes et dépenses de leur service ; ils font souvent des digressions sur les causes de leurs actes qui éclairent d'un jour nouveau l'histoire de leur temps.

La simplicité de leurs récits montre bien la vérité des faits qui y sont consignés comme justification du défaut de la recette ou de la dépense.

En 1506, on envoie un sergent à cheval dans sept des gros bourgs ou villes du bailliage, pour porter des lettres du roi faisant part du projet de mariage du duc de Valois avec Claude de France, fille de Louis XI, lequel n'eut lieu que le 18 mai 1514.

Ce sont les sergents à cheval qui vont dans les villes et les villages du bailliage pour convoquer le ban et l'arrière-ban, et s'adressent « à tous nobles tenant fief ou arrière-fief du roi, qu'ils se tinssent prestz en leurs maisons, montez et armez pour aller servir ledict seigneur à la tuition et deffense de son royaulme. » (1507). — Le bailli fait ensuite la revue des nobles du bailliage. — Même convocation en 1514 et en 1518, en 1542, 1551, 1554, 1555.

En 1508, les campagnes étaient fréquemment exposées aux agressions « des gens de guerre et vagabonds ». Le roi étant à Lyon le dernier mars, envoya au bailli des lettres prescrivant de les expulser du pays. Deux sergents royaux parcoururent à cet effet le bailliage. D'autres « pyotons (soldats de pied) estans par les villages prouchains de la ville d'Aucerre, sont arrêtés et menés en prison. » (1509).

L'année suivante, ce sont des Bohémiens qui étaient campés à St-Cyr et qu'on chasse du bailliage.

En 1513, un sergent royal va à Coulanges-sur-Yonne et à Courson pour sommer tous les gens de guerre tant de pied que d'ordonnance d'avoir à se retirer en leurs garnisons. Les habitants de Courson avaient même été soumis à des violences par certains de ces gens de guerre.

Un autre sergent, sur les ordres du roi, va parcourir les villes et villages du bailliage « et crier et publier que tous gens vaccabons, vivans sur le bonhomme eussent à eulx se retirer en leurs maisons. » Il fit, en conséquence, rapport aux officiers du bailliage du résultat de sa tournée.

En 1518, des aventuriers qui avaient commis des meurtres, des pillages et autres excès à Montargis, Chevillon, Lorris et autres lieux, sont poursuivis par ordre du bailli. On arrête notamment les nommés Jean et Pierre Colas. Jean fut pendu en exécution d'un arrêt du Parlement.

En 1553, Pierre Genet, sergent royal, passe quinze jours à parcourir le bailliage pour publier dans les villes closes anciennes les lettres-patentes du roi, données à St-Germain-en-Laye le 20 décembre 1551, « portant defense de porter sacquebuttes et pistoletz. »

Des sergents vont publier par tout le bailliage les édits de pacification, d'après les comptes de 1567-1569.

En 1568, le gruyer ordinaire de la ville d'Auxerre porte au procureur-général du roi du Parlement, des informations « contre plusieurs rebelles, portans les armes contre Sa Majesté ». Il s'agit probablement de quelques-uns des chefs de Huguenots qui ont marqué dans la prise d'Auxerre en 1567.

Le compte (B. 2641), qui comprend les quatre années de 1569 à 1573, est rempli de mentions de documents généraux sur les événements du temps que nous croyons utile de faire connaître.

Ce sont toujours des mandements de par le roi, adressés au bailli d'Auxerre, et qui sont publiés par tout le bailliage.

Le 15 juillet 1569 et jours suivants, on proclame des lettres du roi « contenant que sous ombre et prétexte de commandement fait cy devant par Sa Majesté à tous chevaliers de l'Ordre, gentilzhommes de sa chambre et autres gentilzhommes quelconques, capitaines et soldats qui ne sont sexagénaires, eussent à se trouver dans le temps porté par lesdites lettres, près la personne de Mgr d'Anjou (1), avec armes et chevaux, hormis ceux qui estoient commis à la garde des villes et chasteaux : lequel ordre estant mal interprété et entendu par aulcuns, plusieurs artisans et autres païsans des villes, bourgs et bourgades, estimant estre comprins audit commandement, se seroient élevés et assemblez en trouppes en aulcuns endrois de ce royaulme, sans chefz ni capitaines, faisant grosses charges et foulle au peuple. A quoy S. M. voulant pourvoir, auroit deffendu à tous autres qu'à ses chevaliers et gentilzhommes de s'assembler en armes », etc.

Déjà, le 12 du même mois, le bailli d'Auxerre avait publié des lettres du roi portant interdiction à toute personne non comprise au commandement du 26 mai précédent « de ne s'élever en armes ny assembler en troupes, à peine de la vie. »

---

(1) Le duc d'Anjou, commandait l'armée royale en Poitou contre l'amiral Coligny, chef des Huguenots, qui venait de gagner la bataille de Montcontour.

Puis vient ensuite, le 16 septembre suivant, la convocation du ban et arrière-ban des gentilshommes.

Un édit du roi, du mois de septembre 1569, prescrivant impérativement « que tous les officiers et subjestz eussent à vivre en la religion catholique, apostolique et romaine », fut alors publié dans toutes les villes, bourgs et bourgades du comté.

En 1571, le roi essaya de ramener ses sujets révoltés par un édit de pacification. Le maréchal de Vieilleville fut envoyé à Auxerre pour le faire publier par tout le comté et un sergent y vaquera pendant 22 jours entiers.

Mais l'année suivante, le 24 août, éclate le massacre de la St-Barthélemy, où l'amiral de Coligny fut assassiné. La reine envoya, notamment à Auxerre, des dépêches pour expliquer cet événement, et des trompettes et crieurs les publièrent par la ville.

La crainte que l'exemple du massacre de la St-Barthélemy à Paris ne fût suivi dans la province, fit envoyer au bailli d'Auxerre des lettres pour prévenir un pareil événement. Le texte des lettres mérite d'être reproduit : « Sa Majesté deffend très expressément par tous les lieux et endroictz de son royaulme de ne faire éviction et massacre comme celle advenue en la ville de Paris, lorsque le feu amiral et ses adhérens y furent occis et murdrys, ains les faire cesser et chastier les auteurs d'iceulx. »

Enfin, le 29 mai 1573, « lettres ou commissions de Mgr le duc d'Alençon, fils et frère de roy, publiées, faisant commandement à tous gouverneurs, cappitaines des villes, ponts, passages, et à tous baillis, maires des villes, etc., sis sur les rivières de Seine, Yonne, Marne et Oise, qu'ils eussent à faire retirer tous bacs, basteaux, flottes et autres vaisseaux pouvant passer chevaux et iceux faire retirer ès villes et lieux où sont sis les ponts, à ce que lesditz passans vinssent passer sur lesdiz pontz pour estre recogneuz, afin d'éviter aux inconvéniens que l'on a veu advenir que les ennemis ne se puissent assembler comme ilz ont fait cy-devant. »

En 1574, par une ordonnance du président du présidial du 24 janvier fut signifié aux gens d'armes de la compagnie Mgr de Lorraine passant par Auxerre, des lettres du roi « par lesquelles il leur estoit mandé de eulx retirer en leurs maisons. »

Au commencement de 1575 fut publié un édit contre les blasphémateurs et sur la police des tavernes.

En 1576, un sergent royal publie à son de trompe et cri public, des lettres-patentes du 26 novembre « faisant mention de quelques livres escriptz, tant imprimez sans permission de S. M. que escritz à la main, plains de choses diffamatoires et autres fort scandaleuses. »

En 1577, on publie dans le bailliage un édit royal « faisant défense de porter des draps de soie et un règlement d'habits, tant aux nobles que non nobles. »

En 1582 (B. 2656), on publie des lettres du roi du 6 décembre « touchant la correction et la punition des gens de guerre qui, après avoir esté levez et assemblez, sous prétexte d'aller promptement et sans aucune foulle au service de M⁰ʳ le duc d'Anjou, et au lieu de continuer leur chemin où ils devoient servir, ont rebroussé chemin et se sont retirez en leurs maisons, chargez de butin et pilleryes. »

La convocation des États-Généraux ordonnée par mandement du 15 juillet 1588 est annoncée dans le bailliage au moyen d'affiches qu'imprime Pierre Vatard, imprimeur à Auxerre, et qui sont placardées dans les divers lieux. Le même imprimeur et libraire imprime aussi, à 300 exemplaires, une ordonnance du roi contre les blasphémateurs, les taverniers, cabaretiers et autres personnes faisant exercice de jeux dissoluz. L'ordonnance ajoute aussi ces mots significatifs : « avec injonction aux archevêques, évêques et curez de résider sur leur bénéfice. » (B. 2665).

Le duc de Mayenne, qui exerçait en Basse-Bourgogne une grande autorité, fait imprimer à Vatard, par ordonnance du 30 août 1589, des copies d'édits et déclarations du roi destinées également à la publicité et concernant les affaires de l'Union.

En 1589, Philippe Vincent, seigneur de Tréfontaine, en vertu de lettres-patentes du duc de Mayenne, du 19 avril, avait loué une compagnie de 60 chevau-légers, qu'il commanda pendant six mois, depuis le 9 mai 1589. Il entretenait un trompette et deux hommes de pied qu'il envoyait de divers côtés du pays auxerrois pour découvrir et savoir ce qui s'y passait. (B. 2666).

Mentionnons ici un épisode peu connu. L'*État au vrai de 1594* parle d'une imputation fort grave portée contre plusieurs habitants d'Auxerre « accusés de crime de prodition d'icelle. » L'instruction de la procédure a lieu à la requête du procureur du roi par le prévôt des maréchaux et les juges du présidial. On ne connaît pas la fin du procès.

Peut-on y rattacher un autre article de l'*État au vrai de 1600*, qui porte que le prévôt des maréchaux avec des archers a mené de la prison d'Auxerre à la Conciergerie, à Paris, en 1595, onze individus, en exécution d'une sentence du président au siège du présidial, commissaire député par arrêt du Conseil d'État ?

Un fait intéressant pour l'histoire de la ville de Coulanges-sur-Yonne, c'est celui que raconte le receveur des années 1601-1602. Il déclare qu'il n'a pas pu recouvrer, en 1594, une somme de 105 livres, produit du domaine royal dans cette ville, et voici pourquoi :

Pendant l'année de compte finissant à la St-Jean 1594, la compagnie des gens d'armes à cheval du sieur de Tannerre étant en garnison en ce lieu, un gendarme nommé Étienne de La Chesnée, s'empara « par force et violence de tout le revenu appartenant au roi. »

GUERRES CIVILES ET RELIGIEUSES.

Nous ne voulons pas raconter après l'abbé Lebeuf et notre regretté président, M. Challe, l'histoire des guerres civiles qui ont éclaté à Auxerre et dans le comté. Nous nous contenterons de rapporter quelques faits authentiques et inédits qui corroboreront les récits de ces écrivains.

La conjuration d'Amboise, en 1560, révéla la force des Huguenots. Alors l'excitation des esprits à Auxerre arriva bientôt au paroxisme. La découverte d'un prêche près de l'église St-Eusèbe y fit éclater une sédition qui devint sanglante et dont les écrivains du temps ont conservé les détails.

Le lieutenant-général envoya à ce sujet, auprès du roi, pour lui en faire rapport (1561). (B. 2636). — La répression fut sévère pour les deux partis.

Surprise de la ville d'Auxerre par les Huguenots. — Dans la nuit du 27 septembre 1567, la ville d'Auxerre fut surprise par les Huguenots commandés par le sieur de la Borde, devenu célèbre par la part qu'il prit au pillage de ladite ville.

Les textes originaux du temps relatent l'événement, en termes qui varient suivant l'objet de l'écrivain, mais qui sont unanimes sur le fait principal et sur sa date.

Voici ces documents inédits :

On lit dans le premier registre de catholicité de la paroisse de St-Regnobert d'Auxerre (1) : « Le xxviie septembre l'an 1567, jour St-Cosme et St-Damien, dont ceste ville fut proditoirement surprinse la nuit ; et fut baptisée sur les fonts de l'esglise M. St-Renobert, Marie fille de noble et sage maistre Me Nicole Bargedé, seigneur de Villesavoie, licencié en loix, advocat au bailliage d'Auxerre et de Marie Hobelin, sa femme. — Signé : GUYON, vicaire. »

Après cet acte, les cérémonies du baptême sont interrompues dans la paroisse jusqu'au 11 juin 1568. A cette date le vicaire Guyon reprend sa plume.

« Le xie jour de juin cinq cens soixante-huit, après les grands trobles faicts pour la ligue catholique et romaine au réaulme de

---

(1) Archives de la ville d'Auxerre. — État civil.

France, a esté baptisée Estiennette fille de M⁰ François Thoret, procureur au bailliage, etc. »

Les autres églises paroissiales de la ville ont dû éprouver le sort de celle de St-Renobert ; le seul registre qui a été conservé, celui de la paroisse de St-Pierre-en-Vallée (1) nous en fournit une preuve intéressante, en ce qu'il rapporte que pendant l'occupation des Huguenots on portait baptiser les enfants à St-Bris (2), à Seignelay et même jusqu'à St-Fargeau, villes qui étaient restées au pouvoir des catholiques.

Voici la relation écrite par le curé Claude Robert, après un acte de baptême de Claude Montempuys, daté du 26 juin 1567 :

« Ea que desiderantur baptisatorum nomine a die veneris sexta mensis junii anno 1567, perierunt in invasione, proditione et captione urbis Autissiodorensis facta die sabbati vicesima-septima mensis septembris, hora octava sertina ejusdem anni. Qui autem baptisati fuerunt ab hac die usque ad redditionem in urbem, alii apud Sanctum-Priscum, alii apud Sanctum-Ferriolum, alii apud Seneliacum, et ubi vigebat Dei cultus. »

Et ensuite est inscrit un dernier acte de baptême du 18 septembre le matin, (1567), le lendemain de la prise de la ville, cérémonie qui eut lieu en grande crainte : « Die Domini 28 mensis septembris, mane, baptisata fuit, cum magno tremore, Sebastiana, filia Anthonii Debriat et Guillemette Monini, ejus uxoris ; suscepit eam de sacro fonte Sebastiana, uxor Germani Motet. » — Il n'est pas fait mention de la présence d'un parrain tant les circonstances étaient pressantes.

Depuis ce jour-là il n'y eut plus de baptêmes, et le premier acte inscrit à la suite porte la date du 17 août 1568, trois jours après la publication à Auxerre de l'édit de pacification. De ce jour, le prêche des Huguenots qui était établi dans l'église des Cordeliers, fut transféré au faubourg St-Amatre, et la garnison étrangère quitta la ville. L'ordre se rétablit peu à peu et les catholiques rentrent en possession de leurs églises.

Voici encore d'autres documents inédits concernant l'événement mémorable de la prise d'Auxerre en 1567.

---

(1) Archives de la ville. 3ᵉ registre de catholicité de la paroisse St-Pierre-en-Vallée, daté de 1564 à 1666. — État-civil.

(2) Du mois d'octobre 1567 au mois de mai 1568, il y eut à St-Bris 118 enfants d'Auxerre de baptisés et d'autres de Chitry, Augy, Vaux, Quenne et Champs. Ces divers lieux étant aux mains des Huguenots, le culte catholique ne s'y exerçait plus. (GG 1; Reg. de St-Bris.)

On lit dans un compte des Grandes-Charités d'Auxerre de l'an 1567 (1) ce qui suit :

« Le 27 septembre 1567, ceste ville d'Auxerre fut surprinse environ l'heure de neuf heures du soir, par les hérétiques appelés communément Huguenotz, qui occupèrent icelle jusqu'à la fin du mois de mars 1568. »

Et plus bas : « Payé à Claude Valuet, pour la journée de dix hommes qui ont remply les foussez estant lors au grand cimetière de Montartre, faictz par ceulx des novelles oppinions, lorsqu'ils occupoient ceste ville, lesquelles galleryes ilz avoient foussoyez pour tirer de la terre pour faire de la poudre à canon, 40 s. » (2).

Mr Drouhet Symonnet, receveur du domaine du comté, dans son « État au vrai de 1569 » (B. 2272), raconte en ces termes, en ce qui le touche, la prise d'Auxerre par les Huguenots, en 1567. Jean Bouvier, de Joux, qui avait acheté la coupe de 80 arpents de bois de la forêt d'Hervaux, au prix total de 1,040 livres, avait versé cette somme au receveur, mais celui-ci ne put en justifier et il en donne ses raisons qui nous révèlent des détails inconnus sur la prise d'Auxerre :

« Pour la vérification dudit article, le présent receveur rapporte seulement certification du lieutenant-général des Eaux et Forêts du bailliage d'Auxerre, d'autant que l'extrait à luy délivré luy a esté pillé et vollé avec ses autres papiers par ceulx de la religion s'estant emparé pendant les troubles de ladite ville d'Auxerre. Comme aussi n'en a peu recouvrer coppie parceque le greffier ayant vacqué en ladite vente, a esté tué, et sa maison saccagée par ceux de ladite religion. »

Un autre document, le compte de 1567-1569 (B. 2640), vient corroborer le précédent. On lit dans les lettres-patentes du 12 septembre 1576, qui déchargent Jean Seurrat, marchand à Auxerre, du cautionnement qu'il avait fourni pour feu Laurent Pourrée, fermier du domaine depuis l'an 1562 :

« Peu de temps après lequel bail, et en ladite année 1562, seroient survenuz les troubles et guerres civiles, qui recommencèrent en l'an 1567, et durèrent jusqu'à ce que ledit bail fût finy. Au moyen desquelles il faisoit de grandes pertes... Encores ceux de la religion prétendue réformée s'estant emparez de laditte ville, ledit Pourrée, estant catholique, fut contraint s'absenter et laisser sa maison, laquelle fut pillée et saccagée, et la plus part de ses quittances concernant ledit domaine perduz et adhirez. Et ce pen-

---

(1) Archives de l'Hôtel-Dieu, E 15.
(2) Le comptable veut dire, sans doute, pour fabriquer du salpêtre.

dant, pour se récompenser desdites pertes, il demanda la prorogation de son bail pour deux années, mais il mourut sur ces entrefaites. »

AIDES, DROITS DE DOUANE.

L'impôt des aides, établi par Philippe-le-Bel, continue à être perçu dans les villes et les villages du comté et de l'élection d'Auxerre, sur les vins vendus en gros et en détail, sur les bois ouvrés et non ouvrés, sur les fourrages, les divers objets de consommation, sur les bêtes à quatre pattes, le poisson, etc.

Dans le compte de 1511-1512 (B. 2607), l'article du bourg de Cravan contient cette mention à propos des impôts qu'il devait : « Néant, pour ce que le Roy nostre Sire, a affranchi et exempté ladite ville le terme de six ans, à cause qu'elle a esté bruslée, et est ceste présente année la cinquième. » C'est-à-dire que l'incendie avait eu lieu en 1507.

Le produit des aides dans les comté et élection d'Auxerre, s'élève, en 1507, à 3,210 liv., en 1546 à 5,356 liv., en 1588 à 8,649 liv.

Des ordonnances rendues par le roi en 1507 sur le fait des aides, tailles et gabelles, furent envoyées aux Élus d'Auxerre pour être publiées. Mais pour conserver le texte de ces documents, ces magistrats les firent écrire et « mettre en forme (1) en six peaux de parchemin en grande forme, réglé, enluminé et mis en tableau fermé et couvert, fait à ouvrage de menuiserie. » Jean Le Seurre, procureur à Auxerre, reçut la grosse somme de 12 livres 10 s. pour la copie qu'il en avait faite. (B. 2602).

Un compte du produit des droits de douane établi en 1541, pour cinq mois, notamment sur les vins sortant de France pour le Nord, nous renseigne d'une manière intéressante sur le commerce de nos pays avec les marchands de Lille et d'Arras. Le total des vins expédiés à deux marchands de Lille est de 541 muids et de 435 muids à deux autres marchands d'Arras. Le total des vins vendus est de 4,623 muids. Ces vins provenaient en grande partie d'Auxerre. Le prix de vente du muid de vin est estimé 65 sous, 70 sous et 4 livres.

Le receveur des aides de 1588-1589, consignant la remise faite aux fermiers des aides, nous a conservé la mention de faits intéressants sur les guerres de la Ligue. En voici le texte :

« Remise au sieur Jean Daumay, fermier du vin vendu en gros en la ville d'Auxerre pour l'année de ce compte, 333 écus 20 s.,

---

(1) L'écriture de *forme* avait des lettres assez grosses et terminées par des pointes. On l'emploie ici pour qu'elle soit visible de plus loin.

pour la non-jouissance de sa ferme à cause des guerres et troubles. »

« Même remise de 127 écus, à Laurent Lamy, fermier du poisson de mer en ladite ville, pour la même cause. »

« Remise de 9 écus au receveur sur la ferme d'Arcy dont il n'a pu rien recevoir à cause que les habitants dudit lieu ont toujours tenu le parti du Roi et se sont maintenus en son obéissance. »

Mêmes observations à Festigny, Migé et Mouffy, Coulanges-les-Vineuses, Coulange-sur-Yonne, Courson, Mailly-Château et Seignelay.

LA CENSE OU LES BOURGEOIS DU ROI

Nous avons vu dans le *Comté d'Auxerre au* xv° *siècle* comment la Cense royale ou bourgeoise se répartissait sur les bourgeois du roi par les douze jurés, les officiers du roi et de notables habitants. Il est fait mention aussi des droits de bourgeoisie qu'exerçait le roi dans certains villages du comté.

Au xvi° siècle, la situation des bourgeois du roi est la même qu'auparavant ; ils sont distingués des bourgeois des églises de la ville.

En 1504, la recette de la cense est de 99 liv. 14 s.
1521, — — 142 liv.
1537, — — 166 liv. 6 s
1551, — — 121 liv. 12 s.

Le comptable ajoute ici cette observation : « En laquelle (cense) ne sont compris les clercs soluz et mariez, les nobles, les jurés, ni les mendians... imposés par le lieutenant-général du bailliage, le procureur du roi et le receveur du domaine, les jurés et autres notables personnages dudit Auxerre. »

En 1581, on ne voit plus figurer parmi les répartiteurs de la cense les 12 jurés, mais seulement les officiers du roi, le lieutenant-général, le procureur du roi et le receveur du domaine.

EXÉCUTIONS A MORT DES CRIMINELS DE DROIT COMMUN. — FUSTIGATIONS PAR LE BOURREAU. — POURSUITES DES HÉRÉTIQUES.

Il existe dans nos comptes un sujet fort émouvant, celui des frais d'exécution des criminels de droit commun, depuis la fustigation jusqu'à la mort, et celui de la poursuite et de la mort des hérétiques.

Le jugement des criminels avait lieu par l'une ou l'autre des trois autorités : le bailli ou le prévôt royal d'Auxerre, et le prévôt des maréchaux de la même ville. Celui-ci nommé Claude de St-Yon, et qui avait succédé à son père qui exerçait déjà en 1569, pourchassait avec ses archers les nombreux vagabonds qui erraient sur les routes et « vivoient sur le bonhomme. » Son tribunal était expéditif ; c'est de ses sentences qu'on pouvait dire : « Aussitôt pris aussitôt pendu. » (1600). Les jugements à mort étaient soumis à l'approbation du Parlement de Paris (1).

Pendant les premières années du XVI° siècle, le nombre des sentences de mort est assez restreint, une ou deux par an. Mais après 1550, le chiffre s'élève, et chaque année il augmente d'une manière effrayante. C'est que le nombre des crimes croissait en France avec les troubles répandus par les guerres civiles.

La sévérité des juges ne parait toutefois pas s'être relâchée souvent. En 1512, cinq individus sont condamnés à la roue. En 1608, neuf, dont une femme, ont été pendus, et dans cette dernière année un autre a été roué. Depuis 1579 à 1618 il y eut 28 individus pendus dont deux femmes (2).

L'énumération des condamnés inscrits dans les comptes serait fastidieuse, d'autant plus qu'on n'y trouve pas la cause de la condamnation. Il suffit de rappeler qu'ils étaient exécutés sur la place du Pilori, aujourd'hui des Fontaines, où s'élevait le poteau fatal (3).

(1) En 1506, J. Bassillon, libraire, confectionne un registre appelé « le papier rouge » pour enregistrer les confessions des criminels faites devant le bailli. — Il existe aux Archives de la ville de Dijon un registre du même temps, couvert en veau rouge, qui renferme les sentences prononcées par le maire de cette ville. Aux sentences de mort il porte en marge un bonhomme accroché à une potence, sans doute pour faciliter les recherches.

(2) Ajoutons ici l'exécution de deux coquins que nous avons relevée dans un registre de catholicité de la paroisse de St-Regnobert d'Auxerre, en 1547. Il s'agit d'un vol sacrilège commis dans la nuit du 19 août 1547, dans la chapelle Notre-Dame des Vertus, joli édifice Renaissance appuyé contre le côté sud du portail de la cathédrale et dont il ne reste plus que le fond de l'abside. Il y a là comme un avant-coureur des pillages qui eurent lieu à Auxerre vingt ans après. (Archives de la ville d'Auxerre).

« Le VII septembre 1547, furent penduz en une potance devant la chapelle Notre-Dame des Vertus, à Auxerre, deux hommes dont l'ung d'iceulx estoit serruzier, demeurant à Collanges-sur-Yonne, et l'auttre cordonnier, demeurant à Auxerre, à raison qu'ilz avoient prins et desrobez neuf lampes d'argent estans en ladite chapelle, lesquelles furent par iceulx fondues et vendues à un orphèvre de Clamecy, lequel est fugitif, et ung Regnaud, cuisinier, gendre de Symon le Portier, qui est aussi fugitif, parcequ'il estoit avec le dix penduz, et luy mesme desrobit et print lesdites lampes et les garda troys jours en sa maison à Aucerre. »

(3) Nous citerons ici, quoiqu'il soit étranger au comté d'Auxerre, un document qui rentre dans cet ordre de faits. Le 22 mars 1573, Léonard

Après la mort, le corps du supplicié était transporté pour y être suspendu à une potence, sur un terrain appelé les Fourches-Brelon, situé, comme nous l'avons déjà dit, à gauche du vieux chemin de Coulanges.

Des crimes affreux, mais dont les comptes n'indiquent pas la nature ont amené aussi plusieurs fois des condamnations au feu des coupables exécutés sur la place ordinaire; plusieurs femmes ont même été exécutées de cette manière (1562-1586). Enfin, un criminel fut décapité et coupé en morceaux.

Les habitants de la place du Pilori voyaient souvent fustiger des délinquants; c'était une distraction! Mais un individu nommé André Pinard, condamné à mort par les terribles juges d'Auxerre, avait vu sa peine commuée par le Parlement qui ordonna seulement qu'il serait battu de verges et aurait une oreille coupée.

La fustigation était la peine corporelle la plus modérée et était fréquemment appliquée. Suivant la gravité des cas l'exécuteur des hautes œuvres fustigeait en chambre du Conseil, dans les places et les carrefours et même devant les églises.

Citons encore une exécution terrible et qui fait exception : c'est celle de Gilles de la Rose, dit Forgeron, en 1538. On ignore les crimes qu'il avait commis, mais ils devaient être énormes. Le bourreau lui coupa la tête qui fut plantée sur un poteau, puis il mit son corps en quatre quartiers qui furent accrochés aux principales portes de la ville d'Auxerre!

On comprend qu'à la vue de pareilles exécutions les criminels fissent tous leurs efforts pour échapper à la justice; mais ils n'évitaient que dans leur corps la condamnation, leurs biens, s'ils en avaient, étaient séquestrés et ils étaient pendus en effigie. Les comptes mentionnent souvent le paiement de tableaux représentant l'effigie des condamnés attachée au pilori. Jean Michel, dit Macé (vers 1510), Jean de Longuerue, Guillaume, Louis et Claude Cornouaille, peintres, sont les auteurs de ces portraits qui ne devaient pas avoir grand mérite, ni comme style ni comme ressemblance.

Fontaine, maître des œuvres de charpenterie du roi, donne quittance à messire Robert de la Ménardière, abbé de Ste-Colombe-sur-Sens, de la somme de dix livres par., pour avoir fourni une potence croisée en quatre et une échelle dressée sur la place de Grève à Paris. Cette potence était destinée à l'exécution d'une sentence du prévôt de cette ville de Sens condamnant à être pendus en effigie quatre individus y désignés qui étaient poursuivis par l'abbé de Ste-Colombe. (Arch. de l'Yonne, H 88.)

Les autres peines appliquées pour des crimes ne méritant pas la mort étaient les galères pour 2, 5 et 10 ans.

Nous avons vu ailleurs que la poursuite des criminels n'avait pas lieu seulement par les tribunaux ordinaires. Nous renverrons aux extraits des jugements des Grands-Jours de Troyes (1) le récit des terribles poursuites exécutées contre les nombreux scélérats qui se répandaient dans les campagnes au dernier quart du xvie siècle. Terminons ce paragraphe par une dernière mention, assavoir qu'en 1634, il y avait, par ordre du prévôt des maréchaux, un chirurgien pour assister à la question donnée aux accusés.

POURSUITES CONTRE LES HÉRÉTIQUES.

A partir de l'an 1538, il est fait mention dans les comptes de poursuites ou d'exécutions à mort d'hérétiques (2) « de la secte luthériane ». Lorsque des individus de cette catégorie sont condamnés, ils sont conduits à Paris pour voir réviser leur sentence prononcée par les juges d'Auxerre. Le nombre de ces condamnations paraît s'élever, depuis 1538 à 1578, à sept. Les condamnés « étaient d'abord pendus puis brûlés sur la place du pilori.

Les plus notables sont : en 1538, Thomas Ancel, médecin à Entrains, et Perrette Gruelle, sa femme, condamnés « pour raison des blasphèmes hérétiques exécrables par eulx dicts et proférez contre l'honneur de Dieu, de la glorieuse Vierge Marie et autres crimes contenus au procès » (3). Ils furent menés sur une charrette devant l'église cathédrale d'Auxerre et la chapelle Notre-Dame des Vertus qui était contiguë et dont il reste encore des vestiges, puis de là à la place de la Fanerie où eut lieu l'exécution.

Viennent ensuite Étienne Bertin, prêtre, natif de Gien, qui avait épousé une religieuse dont il avait eu trois enfants (1551) (4); et

---

(1) Bulletin de la Société des Sciences de l'Yonne, année 1889.

(2) Compte de Fauleau, receveur du domaine royal, an 1538-1539 (B 2618).

(3) La perte des registres du parlement de 1538, ainsi que de la procédure d'Auxerre, ne permet pas d'éclaircir ce que signifie le terme de « et autres crimes contenus au procès. »

(4) On lit dans un registre de catholicité de la paroisse St-Regnobert d'Auxerre (Archives de la ville) :

« Le mercredi 23 septembre 1551, maistre Estienne Bertin, prebtre, natif de Gien, fut dégradé par Mgr l'évesque de Bethléem, devant le portail de l'esglise cathédrale d'Aucerre, pource qu'il estoit hérétique et avoit espousée une nommée la dame de l'Annonciade, de Cosne-sur-Loire, qu'il emmena à Genesve, où il a demeuré longtemps, et le lundy 27 dudit mois, ledict Bertin a esté bruslé après avoir esté estranglé en la Fanerie. Auquel

Jean de Lannay, « ministre de la nouvelle opinion », qui fut mené à Paris (1574), et du procès duquel on ne connaît pas l'issue.

D'autres individus sont condamnés « pour propos scandaleux et erronés, pour paroles injurieuses envers Dieu et la Vierge », à des peines légères, comme de faire amende honorable devant l'église St-Eusèbe d'Auxerre, ou à la porte du château; d'autres sont condamnés à être fustigés.

Ces condamnations capitales ou même légères, pour profession d'hérésie ou pour paroles ou propositions injurieuses envers Dieu, la Vierge et l'Église, nous paraissent étranges aujourd'hui et dignes des temps barbares. Mais si l'on se reporte à l'époque où ces actes s'accomplissaient et étaient approuvés par les plus graves magistrats, si on se rappelle que le Roi était regardé comme « l'évêque du dehors », c'est-à-dire chargé de veiller à la défense de la foi en faisant appliquer les lois les plus sévères remontant au temps de St-Louis (1), et renouvelées par les édits de 1538 et de 1542; comme, d'ailleurs, les « gens de la nouvelle religion » causaient des troubles politiques et menaçaient la sécurité de l'État, on comprendra, sans les approuver, les terribles punitions portées contre les fauteurs des doctrines hostiles à l'Église. Ajoutons aussi, ce qui n'est contesté par personne, que la tolérance n'était pas plus pratiquée chez les hérétiques que chez les catholiques, et non seulement en France mais dans toute l'Europe chrétienne (2). Qui n'a présent à la mémoire, pour ne citer qu'un fait, le sort de Michel Servet? Ce fameux médecin espagnol, devenu le chef des antitrinitaires, publia sur la Trinité des propositions qui soulevèrent les hérétiques eux-mêmes. Calvin, qui ne tolérait pas d'opinions opposées aux siennes, le fit arrêter et traduire en jugement devant les magistrats de Genève. Ceux-ci, dont l'intolérance n'avait pas d'égale, condamnèrent Servet à mort et à être brûlé vif, ce qui fut exécuté le 27 octobre 1553. Théodore de Bèze, notre compatriote, grand écrivain des Réformés, se déclara avec Calvin l'apologiste de cette condamnation, oubliant qu'ils se plaignaient

---

lieu ledict Bertin confessa avoir espousé ladite dame de l'Annonciade, nommée Charlotte Pinon, fille de feu maistre Jehan Pinon, de Donzy-le-Pré; de laquelle il a eu troys enffans. — Dieu veuille avoir son âme, Amen. »

(1) *Recueil général des anciennes lois françaises*, an 1270, t. II, 466; et autres ordonnances postérieures, t. XIII, p. 494.

(2) En Angleterre, voir la persécution d'Henri VIII et d'Élisabeth et le sort des rares missionnaires Jésuites qui se hasardaient à traverser le détroit, et qui étant découverts, étaient écartelés.

d'autre part de la sévérité exercée par les juges catholiques contre leurs partisans.

Ce régime de répression d'une part et de révolte de l'autre, ne devait cesser qu'après l'édit du grand roi Henri IV, publié à Nantes en 1598, et qui proclama et reconnut le principe de la tolérance réciproque des doctrines religieuses.

AMENDES POUR DIVERS DÉLITS.

Il y a dans nos comptes bien des traits de mœurs qui nous ont paru bons à relever.

Ainsi, la première condamnation à l'amende, en 1504, est celle de Claudin Pesneau, vigneron, qui, surpris par les maires de la porte de St-Siméon d'Auxerre à pêcher au feu et à la fouine de nuit, dans la rivière d'Yonne, leur avait résisté parce qu'ils voulaient l'emmener en prison. Pesneau fut condamné à 20 s. d'amende.

Un de ces maires est lui-même condamné à 20 s. d'amende pour abus de justice dans l'exercice de son office.

E. Motheré est condamné à 20 s. d'amende pour avoir chassé plusieurs fois aux perdrix, de nuit et au feu.

En 1505-1506, sur 40 condamnations à l'amende prononcées par le bailli royal, on compte pour batterie, 21 cas; pour vol, 3; pour bris de prison, 1; pour délits ruraux, 2; pour injures aux officiers royaux, 1.

Le nombre des cas de ce genre est aussi grand en 1507, ce qui annonce la turbulence des habitants.

Jean du Gast, écuyer, demeurant à Toucy, s'étant porté à des voies de fait envers Pierre Lespervier, seigneur de Tannerre, est condamné à 15 livres d'amende. L'élévation de ce chiffre est sans doute proportionnée à l'agression et aussi à la qualité de la victime (1508).

Un habitant, refusant au fermier d'exécuter les ordonnances de la ville, est condamné à 5 s. d'amende (1508).

« Le Corps de la Ville » se faisait bien respecter, et pour des paroles injurieuses dites contre cette autorité, par Jean Bezanger et P. Creneau, écuyer, ceux-ci furent condamnés à 100 s. d'amende (1538).

Un compte des Aides de l'an 1510 nous apprend que les fermiers du vin vendu en gros ou en détail étaient efficacement protégés dans leur commerce, contre ceux qui les empêchaient de faire payer les droits dûs. Et réciproquement, un fermier qui, aidé d'un sergent, a commis, à Ste-Pallaye, un abus dans l'exercice de sa ferme, est condamné ainsi que ce dernier à 12 s. d'amende. (B. 2605).

Les amendes du bailli pour excès envers les personnes sont toujours nombreuses en 1537. J. Perraut est condamné par le prévôt à 24 s. d'amende « pour injures et blasphèmes envers les gouverneurs du fait commun de la ville d'Auxerre » ; — P. de la Roche, à 7 s. 6 d., pour certains blasphèmes.

En 1541, le bailli fait un exemple sur ses propres agents. Un sergent et trois procureurs sont condamnés à 42 liv. 10 s. d'amende « pour les forces, inductions et abus de justice par eux commis ». (B. 2623).

FAUX-MONNOYEURS.

Il était plus facile au Moyen-Age de contrefaire et de falsifier les monnaies qu'aujourd'hui, en raison de la grossièreté de la gravure et de la simplicité des sujets figurés sur les pièces. Cependant, il arrivait quelquefois que les changeurs en pesant une pièce ou en la coupant s'apercevaient de la fraude. De là, plaintes et poursuites en justice. Les comptes portent des traces des condamnations des faussaires qui sont quelquefois punis de mort. Et ce ne sont pas toujours des gens de rien qui sont accusés du crime de fausse-monnaie. Ainsi, en 1505, la veuve Farcy, d'Ouanne, aux mains de qui on trouva de la fausse-monnaie, fut condamnée à 30 sous d'amende. Elle était peut-être la première trompée, mais elle paya pour d'autres. L'année suivante, on arrêta J. Pichart, pour certaine fausse-monnaie qu'il avait faite. On saisit ses biens à Villeneuve-St-Salve et on emmène ses enfants. Il est condamné à mort, en appelle au Parlement et est définitivement pendu.

En 1509, on informe sur la plainte de M. de Prie, contre le sieur de Pontmarquis, et un sergent va faire à cet effet une enquête à Toucy, Les Bréaux et Perreuse. (B. 2604).

En 1515, l'official d'Auxerre réclame des faux-monnayeurs détenus dans les prisons. On demande aux gens du roi la marche à suivre dans la poursuite de cette affaire.

L'année suivante (1515-1516), on signale Symonne, femme Bardet, de Cosne, qui est detenue pour crime de fausse-monnaie dans les prisons de St-Bris pendant douze jours. On saisit sur elle les coins de la fausse-monnaie.

En 1518, deux autres individus de Ligny-le-Châtel sont accusés de crime de fausse-monnaie. Le procureur du roi, Antoine Girardin, et son greffier, vont au prieuré de St-Jean-les-Bons-Hommes (1), « pour s'informer de leur vie et renommée ». (B. 2611).

---

(1) C'est aujourd'hui une ferme de la commune de Sauvigny-le-Bois (Yonne), où existent des parties importantes de l'ancien monastère du XII° siècle.

En même temps, d'un autre côté du bailliage, à Cosne, Jean Rebours et Pasquet Perrin, sont arrêtés pour le même crime. L'information se continue et on arrête aussi Pierre Flament, orfèvre à Cosne, compromis dans le procès de Perrin. (*Ibid.*). — Perrin fut condamné par arrêt du Parlement à être pendu. (1519-1520).

En 1526, Louis Canette fut condamné également à être pendu pour fabrication de fausse-monnaie. (B. 2615).

En 1527, Jean Delamaison fut fustigé en la grande chambre du Conseil pour avoir usé de fausse-monnaie et eut ses biens confisqués.

En 1538, l'exécuteur des hautes œuvres brûle, au marché d'Auxerre, en vertu d'une sentence du bailli, en présence du procureur du roi, une certaine quantité de doubles deniers faux, trouvés en la possession de Pierre Ryn.

En 1554, on pend Laurent Martin accusé de fabrication de fausse-monnaie.

USURIERS.

L'ordonnance de Blois de 1576, portant défense « d'exercer aucunes usures ou prester deniers à proficit et interest, sous peine d'amende », est appliquée en 1600, et dans l'*État au vrai* (C. 2273), cela forme un titre de recette du compte. On y apprend qu'un sieur Vaillant était chargé de rechercher les usuriers et de les dénoncer à la justice. Il recevait en récompense une part de l'amende à laquelle le délinquant était condamné.

Ce sujet mérite qu'on reproduise le texte de l'*État au vrai* à titre de curiosité :

« Payé à Mre Bertram Vaillant, 10 écus, pour le droit que le roi lui a attribué par l'édit et déclaration sur la recherche des usuriers, et ce pour le tiers de l'amende de 30 écus adjugés pour le crime d'usure contre Edme Gaulchot, demeurant à Entrains, sur la dénonciation dudit Vaillant, par sentence du lieutenant-général criminel du bailliage d'Auxerre du 20 juin 1600.

« Audit Vaillant, 5 écus pour le tiers de l'amende adjugée pour le crime d'usure, sur la dénonciation dudit Vaillant, à l'encontre d'Hubert Cezon. »

FAITS DIVERS.

Parmi les documents que rapportent les comptes, il en est de tout à fait particuliers qui méritent cependant d'être signalés. En voici quelques-uns :

J. Poilly, laboureur, est condamné à 20 sols d'amende « pour avoir enchéry et mis à prix au marché du bled d'Auxerre plus haut que le prix journel et ordinaire » (An 1504). Un autre, habitant de

Pasilly paie 10 s. d'amende pour le même délit (1505). Un boulanger d'Auxerre, de même.

Pierre Hymbert, coutelier à Auxerre, est mis à l'amende de cinq sous, pour avoir enfreint les défenses qui lui avaient été faites « de ne tenir une chambrière attendu qu'il estoit marié ». (1505).

Trois individus de Chevannes-près-Auxerre, sont condamnés, la même année, à 50 sous d'amende chacun « pour paillardise ».

En 1509, le receveur fait copier par Bertrand Gimart, greffier à Auxerre, en cinq peaux de parchemin, « certains concordats passés entre un comte d'Auxerre et l'évêque dudit lieu », et qui furent mis, duement collationnés, au Trésor du roi à Auxerre. Cette copie fut payée 4 livres.

En 1589, Nicolas Reynard, dit le capitaine Lavallée, est condamné à 10 écus d'amende pour avoir tué en duel, hors de la ville d'Auxerre, Nicolas Tapin, dit le capitaine Mixton.

PIÈCES JUSTIFICATIVES

2° Compte d'Edmond Fauleau, receveur du Domaine du Roy au bailliage et comté d'Aucerre, du jour et feste de Saint-Jean-Baptiste 1521 à ladicte feste 1522.

1° RECETTE NON MUABLE.

Aucerre.

	l.	s.	d. tourn.
De l'abbesse du Confort Notre-Dame.............	»	5	»
De ladicte abbesse, la somme de huit sols quatre deniers tournois.................................	»	8	4
De l'abbé de St-Marien-les-Aucerre, la somme de..	»	18	1
De Claude Germain, etc., pour une petite chambre.	»	5	»
Des hoirs maître Germain Trouvé, pour une place affermée par feu Geoffroy Trouvé et Isabeau sa femme, appelée communément la place aux Pots, près la fontaine d'Auxerre, néant, parce que le pilori a esté de nouvel construit et édifié en icelle place.	Néant.		
Des pannetiers d'Aucerre, pour 49 personnes.....	»	4	1
Du curé de St-Renobert, la somme de...........	»	3	»
De Guillaume Maritéux et autres, pour la ferme du moulin et estang de La Coudre.....................	20	»	»
Des menus cens d'Aucerre......................	15	19	7
Des religieux, abbé et couvent de Saint-Marien-les-Aucerre..	»	2	4

Voultenay.

Des habitans du dict Voultenay.................	»	15	»

Saint-Georges et Sublennes.

Bourgeoisie....................	Néant.		
De Jehan Tabart, pour une pièce de pré à Sublennes	»	»	18

Beaulche, Servan, Lavillotte et Montiffault.

Du droit de la bourgeoisie des dits lieux sur les habitans..	»	18	5
Des menus cens des dits lieux.....................	Néant.		

Montigny et Merry.

De Jehan et Philibert Guinot, pour des héritages..	» l.	3 s.	4 d.	
Du dit Philibert Guinot, pour une pièce de terre..	»	2	6	
Des menus cens de Montigny......................	»	70	8	

Vermenton.

Des habitans de Lucy-le-Bois.....................	»	25	4
Des habitans de Joux............................	»	22	8

Mailly-le-Chastel.

De Estienne Pillot, pour une pièce de pré........	»	13	4	
Du droit de la bourgeoisie dudit Mailly-le-Chastel.	4	17	6	
Des menus cens dudit lieu.......................	6	6	2 8ᵐᵉ de d.	
Des lotz et ventes dudict lieu.....................	Néant.			

Mailly-la-Ville.

Pour le moulin d'Avril...........................	» l. 25 s.	» d.	
Du droit de bourgeoisie dudit lieu................	7	17	6
Des menus cens.................................	7	14	4
Des lotz et ventes dudit lieu.....................	Néant.		

Collanges-sur-Yonne.

Des seigneurs de Crain..........................	» l. 20 s.	» d.	
Du droit de la bourgeoisie dudit lieu.............	»	110	»
Des menus cens.................................	»	118	10
Pour une pièce de pré...........................	»	20	»
Des lotz et ventes...............................	Néant.		
Avoines deues chacun an au roy, le jour de St-Remy, pour les héritages assis et situez au bourg Saint-Gervais..	»	»	

RECEPTE MUABLE.

Aucerre.

De la cense appelée Bourgeoise dudit Aucerre, imposée sur les bourgeois et bourgeoises du roy...	142 l.	» s.	» d.	tourn.
Des nouveaux bourgeois et bourgeoises du roy...	Néant.			
Du droit de sallaige.............................	Néant.			
Du droit de ponage, cordes, pollins, lye et vin de sac..	30 l.	» s.	» d.	par.
Du chastellenage et geollage....................	10	»	»	
De la coustume du lin et chanvre................	6	10	»	
De la coustume des aiz et fustailles.............	12	»	»	
De la bicorne aux noix..........................	Néant.			
Du droit sur les changeurs......................	Néant.			
Du droit du scel du tabellionage dudict Aucerre...	16 l.	» s.	» d.	
Du droit du scel et escripture du bailliage dudict Aucerre..	258	17	9	tourn.

Du droit du scel et escripture de la prévosté.....	120	»	»
Des exploits de la mairie Saint-Gervais...........	25	»	»
Et pour la cyre................................	»	100	»
Des exploitz de la prévosté d'Aucerre..........	260	»	»
Des minages des bledz et grains	Néant.		
Des terres vacantes..........................	Néant.		
De la place en la Fenerie d'Aucerre contenant 4 thoises 1/2 de large et 2 thoises 1/2 de long pour que nul ne l'a mise à prix......................	Néant.		

Saint-George.

Des exploitz de la prévosté de St-George.........	9 l.	» s.	» d. par.
Et pour la cyre................................	»	36	»
Des menus cens dudict Saint-George, pour ce que nul ne l'a mise à prix	Néant.		

Sublennes.

Des exploitz de la prévosté de Sublennes.........	4 l.	» s.	» d. par.
Et pour la cyre................................	»	16	»
Du droit de la bourgeoisie desdicts lieux de Saint-Georges et Sublennes............................	4	13	4

Beauloke.

Des exploitz de la prévosté de Beauloche, Servan, Montiffault et Lavillotte........................	7	»	»
Et pour la cyre................................	»	28	»

Montigny et Merry.

Des exploitz de la prévosté de Montigny	11	»	»
Et pour la cyre................................	»	19	»
D'une pièce de désert.........................	Néant.		

Vermenton.

Du tabellionnage dudict lieu.....................	» l.	60 s.	» d. par.
Et pour la cyre................................	»	12	»
Du droit dudict tabellionnage....................	»	40	»
Et la cyre......................................	»	8	»
Des exploitz de la prévosté de Vermenton	14	»	»
Et pour la cyre................................	»	56	»
Du droit du scel et escripture de la prévosté......	»	40	»
Et pour la cyre................................	»	8	»
Des menus cens dudict lieu.....................	»	36	»
Et pour la cyre................................	»	7	»
Des ventes et estellaiges dudict lieu.............	»	5	»
Et pour la cyre................................	»	5	»
Des bourgeoisies dudict Vermenton.............	»	45	»
Et pour la cyre................................	»	9	»

Mailly-la-Ville.

Des exploitz de la prévosté dudict Mailly-la-Ville..	7	12	»
Et pour la cyre................................	»	30	4
Du scel et escripture de la prévosté.............	Néant.		

Du droit du rouage	» l.	» s. 12 d. par.
Et pour la cyre	»	» 2
Du geollage dudict Mailly	Néant.	
Des terres vacantes	Néant.	
Des escrues	Néant.	
De la vigne dudict Mailly, contenant demy arpent, tant terre que désert	» l.	7 s. 6 d. par.

Mailly-le-Chastel.

De la foreteyre du bois de Frestoye	Néant.	
Des exploitz de la prévosté	8 l. 14 s.	» d. par.
Et pour la cyre	» 34	10
Du scel et escripture de la prévosté	» 20	»
Et pour la cyre	» 4	»
Du droit du scel du tabellionnage dudict lieu	» 20	»
Et pour la cyre	» 4	»
Du tabellionnage dudict lieu	» 40	»
Et pour la cyre	» 8	»
Du four bannal d'en bas dudict lieu	» 26	»
Et pour la cyre	» 5	2
Du four bannal d'en haut	» 16	»
Du rouage	» »	12
Et pour la cyre	» »	1
Du droit du sallaige	Néant.	
Du geollage	» l. 6 s.	» d. par.
Et pour la cyre	» 1	»
Des terres vacantes	Néant.	
Des minages des bledz et grains	Néant.	
Des ventes et estellaiges	Néant.	
De la vigne	Néant.	
Des maisons estant audict chastel	Néant.	
Du jardin estant devant le chastel	Néant.	

Prez audict lieu de Mailly-le-Chastel.

Somme	4 l. 10 s.	» d. tourn.

Collanges-sur-Yonne.

Des exploitz de la prévosté de Collanges	14	12 »
Et pour la cyre	»	50 »
Du droit du scel et escripture de ladicte prévosté	»	40 »
Et pour la cyre	»	8 »
Du droit du tabellionnage dudict lieu	»	20 »
Et pour la cyre	»	4 »
Du droit du scel dudit tabellionnage	»	20 »
Et pour la cyre	»	4 »
De la rivière bannale dudict lieu	»	100 »
Et pour la cyre	»	20 »
Du droit de geollage dudict lieu	»	6 »
Et pour la cyre	»	» 14

Des minages des bledz et grains dudict Collanges Néant.
Du rouage et des avoynes...................... Néant.

Prez audict lieu.

Somme .... 14 l. 40 s. » d. par.

Bledz et Grains.

De la quantité de 641 bichots et tiers de bichot de bledz, par moitié froment et avoyne, issuz des minages des bledz et grains dudict Aucerre........... 122 19 7
De la quantité de 633 bichots et tiers de bichot, par moitié froment et avoyne..................... 122 19 7
De la quantité de 3 bichots un boisseau 1/2 avoyne, issuz des coustumes du bourg Saint-Gervais....... » 6 3
De la vendue d'un boisseau par moitié froment et avoyne, issuz des minages de Mailly-le-Chastel..... » » 23
De la vendue du bled venu et issu des terres vacantes dudict Mailly........................... Néant.

Rachaptz, relliefz, quintz et requintz. Néant.

Lotz et Ventes, Aucerre.

Somme .... » l. 58 s. 4 d. tour.

Des confiscations et eschoittes. Néant.

Amendes advenues au Roy, par exploit du greffier du bailliage d'Aucerre.

Somme .... 38 l. 17 s. 7 d. tourn.

Gruyerie, vente de bois.
1° Par 6 s. Aucerre.

De la vente des bois de Bar, d'Arveau, des bois morts et autres bois de Frestay......... Néant.

Des paissons de tous lesdits bois.

Somme .... 3 l. 15 s. » d. tourn.

www.ingramcontent.com/pod-product-compliance
Lightning Source LLC
Chambersburg PA
CBHW060630050426
42451CB00012B/2509